¡Supervivencia!
JUNGLA

William B. Rice
Dona Herweck Rice

TIME
FOR KIDS

Consultores

Dr. Timothy Rasinski
Kent State University

Lori Oczkus
Consultora de alfabetización

Basado en textos extraídos de
TIME For Kids. *TIME For Kids* y el logotipo
de *TIME For Kids* son marcas registradas
de TIME Inc. Utilizados bajo licencia.

Créditos de publicación

Dona Herweck Rice, *Jefa de redacción*
Lee Aucoin, *Directora creativa*
Jamey Acosta, *Editora principal*
Lexa Hoang, *Diseñadora*
Stephanie Reid, *Editora de fotografía*
Rane Anderson, *Autora colaboradora*
Rachelle Cracchiolo, *M.S.Ed.,*
   Editora comercial

Créditos de imágenes: págs.21 (arriba), 39
(arriba): Corbis; pág.24 (izquierda): BigStock;
pág.38: cortesía de Yossi Ghinsberg; pág.48:
Dona Rice; págs. 6–7, 17 (arriba), 18, 30–31,
36, 37 (izquierda): Getty Images; págs.
15, 19, 26–27 (ilustraciones): Timothy J.
Bradley; págs. 4–5, 23 (arriba), 31(abajo):
iStockphoto; pág.25: MSU; págs.8–9: Photos.
com; págs.28–29: Stephen L. Alvarez/
National Geographic Stock; pág.34:
David Evans/National Geographic Stock;
pág.37 (derecha): Randy Olson/ National
Geographic Stock; pág.39 (abajo): Reuters/
Newscom; págs.44–41: Wenn. com/
Newscom; pág.31 (arriba): Scott Camazine/
Photo Researchers, Inc.; pág.30: The
Granger Collection, Nueva York; pág.48:
William Rice; todas las demás imágenes de
Shutterstock.

Teacher Created Materials
5301 Oceanus Drive
Huntington Beach, CA 92649-1030
http://www.tcmpub.com
ISBN 978-1-4333-7053-3
© 2013 Teacher Created Materials, Inc.

TABLA DE CONTENIDO

¡PERDIDO!

Todo a tu alrededor es ruido . . . fuerte, constante y molesto. Otros sonidos repentinos y extraños **salpican** el murmullo constante. ¿Qué es? ¿Qué hay allí? ¡Es difícil pensar con todo ese ruido!

Tienes calor y estás pegajoso por el calor. El aire se siente pesado. Es difícil respirar. Árboles altos crecen a tu alrededor; no puedes ver en la distancia. Las plantas cubren el suelo; los animales se balancean a través de los árboles. Arriba, los pájaros levantan vuelo. ¡Mires por donde mires, hay insectos! De repente cae lluvia, sin previo aviso, que te alivia del calor pero te deja empapado. No sabes qué camino tomar en busca de refugio y protección.

Estás perdido y solo en la jungla.

PARA PENSAR

- Descubre cómo sobrevivir en la jungla.
- Averigua cómo encontrar alimento y agua cuando estás perdido.
- Aprende cuáles son las ventajas de estar perdido en la jungla.

Hay más tipos de **animales** en la **jungla** que en cualquier otro lugar de la tierra.

¿CÓMO LLEGUÉ HASTA AQUÍ?

La gente no se pierde en la jungla muy a menudo. No hay muchos caminos por allí en los cuales los automóviles puedan quedar averiados. Pero es posible que vayas de travesía por una jungla para explorar las plantas y los animales exóticos, y de repente descubras que te has separado de tu grupo. O que trates de explorar una jungla desconocida y te pierdas. O tal vez sufras un accidente de avión; sobrevivas al choque, pero ahora debas sobrevivir en la jungla.

Por supuesto, no importa realmente cómo llegaste hasta allí. Lo que importa es cómo usas tu cerebro y tu **actitud** para pensar, planificar, conservar la calma. . . ¡y sobrevivir!

Más de **2,000,000** de personas visitan la jungla amazónica todos los años.

Los árboles de la jungla crecen más de 130 pies por encima del piso del bosque.

Alrededor de un 50 por ciento de las especies del mundo viven en las selvas tropicales de la jungla.

PREPARA UN PLAN

"En general, preferiría estar en Filadelfia". Dicen que el cómico W.C. Fields quería que escribieran esta leyenda en su lápida. ¡Si estuvieras perdido en una jungla, quizá pensarías lo mismo! Pero para salir de tu situación, necesitarás mantener la calma y preparar un plan. No puedes simplemente desear no estar en tu difícil situación.

Entonces, lo primero es lo primero. Mira a tu alrededor y decide qué plan seguir. ¿Debes quedarte quieto y esperar a que llegue la ayuda, o debes tratar de buscar ayuda? En muchos casos, quedarse quieto no será la mejor opción. Puede ser muy difícil que alguien te vea debajo de la bóveda de los árboles y las frondosas plantas. No es buena idea esperar a ser rescatado en la jungla. Probablemente debas encontrar la manera de salir.

Prepararse para la jungla

Si estás varado en la jungla, deberás llevar encima algunas herramientas.

gasa	poncho	calzado
pinzas	brújula	encendedor

Actitud

Lo más importante para la supervivencia es tener una buena actitud. Te ayudará a conservar la calma, y eso te ayudará a pensar con claridad. ¡Simplemente recuerda que tienes lo que se necesita para lograrlo!

Si te perdiste en la jungla durante una caminata, lo mejor que puedes hacer es encontrar el camino de regreso al campamento. "¿Y cómo hago?", te preguntarás. Pues bien, todo comienza antes de salir a caminar. ¡Prepárate! Toma un mapa y **oriéntate** para conocer tu posición. Lleva encima un silbato de emergencia y una brújula. Presta atención a la dirección que estás tomando. Además, fija **puntos de referencia**.

¿Qué sucede si no puedes encontrar el campamento? Ábrete paso hasta un río, un arroyo o un lago. Una vez que encuentres agua, quizá puedas construir una balsa pequeña. Las masas de agua son las autopistas de la jungla. Tienes buenas posibilidades de encontrar una población o un campamento si navegas río abajo. Simplemente muévete; es probable que encuentres gente.

¡No te metas en el agua!

Si logras llegar a una vía navegable, será mejor que encuentres una forma de flotar sobre el agua en lugar de meterte en ella. En estas aguas a menudo habitan cocodrilos, serpientes y otros animales peligrosos. ¡Es mejor permanecer a salvo sobre el agua y no convertirse en el almuerzo de algún animal!

Pirañas

Hay muchas especies de peces en el río Amazonas. Las pirañas son famosas por sus dientes filosos y su gran apetito por la carne. Contrariamente a lo que cree la mayoría, por lo general no molestan a las personas. Sin embargo, no te acerques a ellas con una herida abierta. Se sienten atraídas por la sangre.

Generalmente puede encontrarse agua pendiente abajo.

Cuando camines en la jungla, ten en cuenta la dirección en la que te diriges. Algunas junglas son espesas y no puedes ver a mucha distancia, así que es importante mantenerse orientado. La mejor herramienta que puedes utilizar es una brújula. Si no tienes una brújula, compara la posición del sol con los puntos de referencia. Es mejor seguir avanzando en la misma dirección teniendo en cuenta tu plan. Por momentos, quizá necesites zigzaguear, pero no vayas en círculos.

Usa **puntos de referencia** de gran tamaño para guiarte.

Lo más fácil es lo mejor

Hay una historia de un grupo de hombres que cayeron en una jungla y debieron abrirse paso a través de un espeso bosque de bambú durante cinco días. Si se hubieran detenido a pensar y mirar a su alrededor, habrían visto, en cambio, que podían rodear la espesa vegetación en cuatro horas. ¡En la jungla, busca siempre el camino más fácil!

Usa todos tus sentidos para ayudarte: ¡especialmente el oído! Busca sonidos característicos para guiarte y para que te ayuden a moverte en una dirección.

Una **brújula** siempre señala hacia el norte; así puedes saber si estás yendo en la dirección correcta.

Cómo hacer señales

Los rescatistas pueden buscarte desde arriba, en aviones, pero quizá no puedan verte a través de la espesura. Pero si haces brillar una luz hacia el cielo, posiblemente la vean.

Paso 1

Para hacer señales con un espejo, levántalo frente a tu cara con la parte reflectante hacia afuera. Extiende tu otra mano y forma una *V* con el pulgar y los dedos.

Paso 2

Mueve el espejo para poder "captar" el reflejo del sol en la *V* de tu mano extendida.

Paso 3

Mantén la luz en la V hasta que el avión también esté en la *V*. Ahora la luz reflejada apuntará directamente al avión. Mueve un poco el espejo para hacer que la señal brille.

Advertencia: No hagas esto a menos que haya una emergencia. Nunca debes encandilar a los aviones por diversión.

SECRETOS DE SUPERVIVENCIA

En las películas y los programas de televisión, las junglas se muestran desafiantes y peligrosas. No cabe duda de que hay peligros, pero generalmente no son tan extremos como parecen. Ningún otro clima ofrece tantas oportunidades de supervivencia. En la jungla hay muchísima agua, alimento, refugio y materiales para hacer ropa. Quizá no estés muy cómodo, pero con un poco de esfuerzo, todo irá bien.

AGUA

Como en cualquier situación de supervivencia, piensa en alguna manera de resolver las cuestiones básicas. Supongamos que has preparado un plan. El paso más importante es conseguir agua dulce. En la jungla hay mucha agua, pero debes tener cuidado de que no te haga mal. Puedes usar hojas grandes para juntar agua de lluvia. Es mejor encontrar agua que fluya en lugar de agua estancada. Aunque el agua parezca limpia, no empieces a beberla simplemente. El agua puede contener gérmenes que podrían enfermarte. Junta el agua y **purifícala** hirviéndola durante al menos 15 minutos.

Cómo hacer fuego

Necesitarás fuego para hervir el agua para beber y para mantenerte abrigado. ¡Nunca salgas de caminata sin fósforos a prueba de agua! Puedes sostener una lupa entre los rayos directos del sol y el material que desees quemar. Aumentará el calor y finalmente se **encenderá** una llama pequeña. También puedes intentarlo con un encendedor de acero, otro buen objeto para llevar cuando sales a caminar.

En la jungla hay material combustible de sobra.

Madera seca

Búscala debajo de las hojas en la jungla.

Lianas

Afeita la parte exterior para llegar al centro.

Nidos de termitas

Puedes incluso comer estos insectos, son deliciosos.

Cómo usar un taladro manual

Si no tienes ninguno de los materiales mencionados en la página anterior, puedes iniciar un fuego con un taladro manual.

1. Encuentra un trozo delgado de madera. Corta una forma V en el borde. Coloca un trozo de corteza seca debajo del agujero.

2. Introduce un palo largo y recto, un poco más grueso que un lápiz, en el agujero. Presiona sobre el palo y gíralo rápidamente de un lado para otro entre tus manos.

3. Continúa hasta que la punta del palo se ponga roja y empiece a brillar una brasa. Golpea el trozo de madera para que la brasa se extienda a la corteza.

4. Transfiere la brasa a la pila de astillas de madera. Sopla suavemente sobre ellas para formar una llama.

ROPA

¿Tienes agua? ¡Bien! Ahora, cuida tu piel. Mantenla cubierta si puedes. Cualquier zona que dejes al desnudo es blanco de insectos y otros animales. Las junglas tienen **follaje** espeso, que te puede rasguñar. Con el calor y la **humedad**, cualquier rasguño puede infectarse fácilmente. Cubre tu cabeza con una gasa para espantar a los insectos. Si no tienes gasa, encuentra un trozo grande de tela y átalo alrededor de tu cabeza. Córtala en tiras y cuélgalas encima de tu cara. Toda esta ropa podrá empaparse con el sudor, ¡pero es mejor que ser picado, rasguñado y mordido por todas partes!

Si te duelen los pies, usa corteza o un trozo de lona para hacer calzado.

Polaina

Puede ser una buena idea que hagas un par de **polainas** para proteger la parte de abajo de tus piernas de **sanguijuela**s y **garrapatas**. Corta una tira larga y angosta de tela. Envuélvela en espiral, empezando por el tobillo hasta la pantorrilla y alrededor de la parte de afuera de tus pantalones. Los soldados solían hacer esto para protegerse.

Antes de ponértelas, ¡fíjate que no tengas insectos, escorpiones y serpientes en la ropa! Presta mucha atención a tu calzado. Se sabe que estos animales se arrastran hasta lugares secos y cálidos. Tu ropa puede ser el lugar justo.

ALIMENTO

Hay muchas opciones de alimento en la jungla. Solamente debes saber qué alimentos es seguro comer. El pescado es una buena opción. A menos que tengas equipo de pesca, la mejor manera de atrapar peces es con una lanza. Usa los materiales que encuentres o tengas a mano para hacer una lanza. Los peces en el agua pueden ser abundantes. Concéntrate en las áreas poco profundas. Si practicas podrás atrapar uno. Luego puedes aprovechar tu nueva destreza para hacer fuego y cocinarlo.

Los hongos pueden ser deliciosos, pero algunas especies pueden enfermarte o incluso matarte. ¡A menos que sepas cuáles puedes comer, permanece alejado de los hongos en la selva!

¡Qué insecto gustoso!

Hay muchos insectos que sirven para comer. En muchos lugares del mundo la gente suele comer insectos. Algunos insectos que pueden ser buenos para comer son los grillos, los saltamontes, las cigarras, las hormigas y los escarabajos.

¡Mangos, bananas, higos y cocos son solo algunas de las **frutas** que crecen en una jungla tropical y son **deliciosas** para comer!

mangos

Cuando comas plantas desconocidas, el mejor consejo es el siguiente: si tienes dudas, no la comas. ¡Si no estás seguro, no la comas! Un buen consejo es observar lo que comen los monos. Si es bueno para ellos, probablemente también lo será para ti. Incluso plantas que parecen conocidas podrían ser imitaciones venenosas. Hervir las plantas en agua quitará gran parte del veneno, aunque no todo.

Qué NO debes comer

¿Hay alguna manera de saber si algo es seguro? ¡Sí! No comas ninguna parte de una planta que . . .

...tenga bayas amarillas o blancas.

...tenga hojas agrupadas de a tres.

Aléjate de las plantas que hagan picar o arder tu piel.

...tenga savia lechosa.

...tenga olor a almendras (¡a menos que realmente sea un almendro!).

Pesca de cangrejos de río

Los cangrejos de río, también llamados *camarones de río y cigalas*, se encuentran en las zonas poco profundas de muchas vías fluviales. Es uno de los alimentos más fáciles de conseguir.

1. Encuentra un palo largo y una cuerda o liana. Ata la cuerda a un extremo del palo.

2. Ata un trozo pequeño de alimento en el otro extremo de la cuerda.

3. Haz oscilar la cuerda en el agua, donde veas cangrejos. No muevas la cuerda.

4. Cuando un cangrejo muerda el alimento, tira suavemente de la cuerda. El cangrejo seguirá prendido al alimento.

¡ALTO!
PIENSA...

¿Qué otras herramientas podrías crear utilizando los materiales que encuentras en la jungla?

¿Cuánto tiempo crees que deberías pasar pescando para poder sobrevivir?

¿Crees que hay una manera más fácil de comer en la jungla?

5. Cuando lo saques del agua, agarra el cangrejo detrás de los ojos para que no te pellizque.

6. Antes de comerlo, hiérvelo en agua. Los cangrejos se vuelven rojos cuando se cocinan, igual que las langostas. Encontrarás carne en las colas y en las pinzas.

¡SALIR CON VIDA!

¿Cuál es la mejor manera de andar en la jungla? Si hay una manera de viajar por agua, hazlo. Si no existe esa opción, busca huellas de animales. El sendero estará despejado, y las huellas podrían llevarte al agua o a algún lugar donde puedas encontrar ayuda.

Cuando camines, lleva un palo para hacer a un lado las plantas. Sin embargo, ten cuidado al golpear las plantas, ya que podrías molestar nidos de abejas, avispas o avispones. Corta las plantas solamente si es necesario, y camina alrededor de las zonas con follaje espeso. Acabarás exhausto en medio del calor y la humedad si intentas abrirte camino cortando demasiadas plantas.

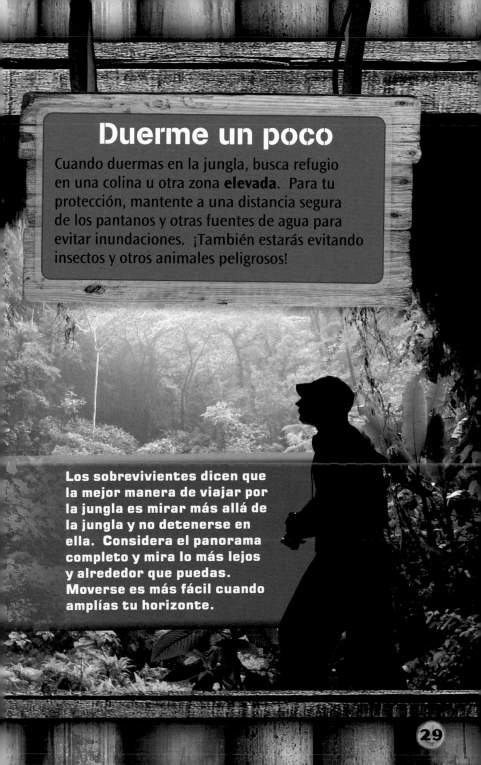

Duerme un poco

Cuando duermas en la jungla, busca refugio en una colina u otra zona **elevada**. Para tu protección, mantente a una distancia segura de los pantanos y otras fuentes de agua para evitar inundaciones. ¡También estarás evitando insectos y otros animales peligrosos!

Los sobrevivientes dicen que la mejor manera de viajar por la jungla es mirar más allá de la jungla y no detenerse en ella. Considera el panorama completo y mira lo más lejos y alrededor que puedas. Moverse es más fácil cuando amplías tu horizonte.

PERMANECER SECO

Las junglas son húmedas, y estar mojado durante largos períodos puede causar serios problemas. Si tus pies permanecen húmedos demasiado tiempo puedes tener **pie de trinchera**. Tus pies pueden infectarse y contraer **gangrena**. La parte del cuerpo con gangrena debe amputarse.

Cuando acampes para pasar la noche, construye un refugio simple y cuelga tu ropa y tu calzado para que sequen junto al fuego. Si puedes, lava tu ropa, especialmente los calcetines. Si no se lavan y secan, las prendas se pudren por la humedad, la **transpiración** y el uso.

Soldados en Vietnam

Durante la guerra de Vietnam, uno de los mayores desafíos —además del más evidente: permanecer a salvo del fuego enemigo— fue estar limpio y seco. En las condiciones húmedas de la jungla era casi imposible.

gangrena

Un poncho para la lluvia o algún tipo de prenda de plástico es útil en las condiciones de la jungla.

INSECTOS

No son los animales, ni el ruido, ni la lluvia, ni el calor. Ni siquiera es la soledad. En realidad, puedes sobrevivir a todas esas cosas... porque en realidad no estarás solo. ¡Estarás rodeado de insectos! En la jungla hay insectos por todas partes. Están en el aire, en el suelo y sobre las plantas. Si estás en la jungla, también están posados sobre ti. La jungla es un hervidero de insectos ruidosos, insectos que pican.

Animales salvajes

Los animales salvajes son un peligro en la jungla, pero es más probable que ellos te tengan más miedo a ti de lo que tú les tienes miedo. La verdad es que no hay mucho que una persona pueda hacer para evitar a un felino grande como un jaguar si este te persigue. Es probable que ni siquiera lo escuches cuando se acerca.

Locura en la jungla

¡Tantos insectos hacen mucho ruido! De hecho, la jungla está repleta de animales de todo tipo. Los ruidos que estos hacen, junto con los ruidos de la lluvia y del viento, convierten a la jungla en un lugar muy ruidoso. Algunas personas que han estado perdidas en una jungla dicen que tanto ruido en un espacio tan estrecho puede volver loca a una persona.

cigarra

Ten cuidado con los **mosquitos**, las sanguijuelas y las garrapatas. Los mosquitos transmiten enfermedades mortales, así que haz todo lo que puedas para protegerte de sus picaduras. Si se te adhieren sanguijuelas, no las arranques simplemente. Sus cabezas pueden incrustarse en tu piel. Para cortar la succión, aparta la cabeza a un costado. Luego asegúrate de lavar el área. Las garrapatas son un problema peor. Las garrapatas transmiten enfermedades, pero son pequeñas y difíciles de ver. Revisa a menudo para detectar garrapatas. Arráncalas con pinzas, tomándolas cerca de tu piel y tirando suavemente. Luego limpia el área y las manos.

Mosquiteros sabios

Es algo simple, pero ha salvado miles de vidas: la gasa mosquitera. En los países en **desarrollo**, los mosquitos pueden matar a muchas personas al transmitirles enfermedades como la **malaria**. Los mosquiteros alrededor de camas, tiendas de campaña y cuerpos pueden conservar sanas a las personas.

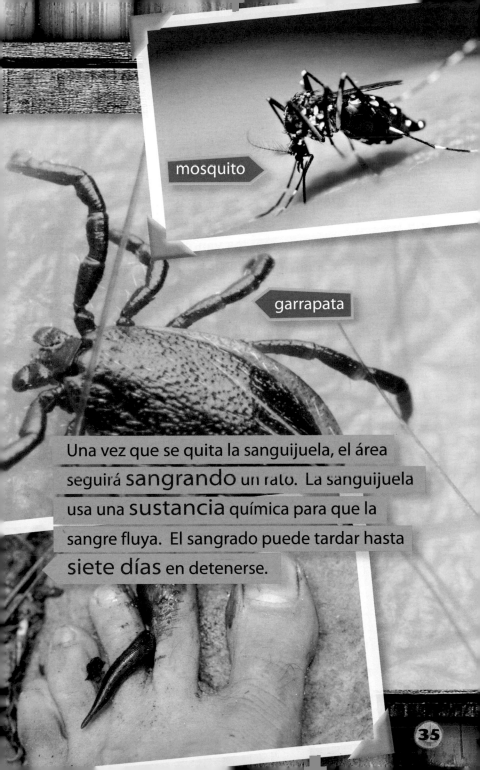

mosquito

garrapata

Una vez que se quita la sanguijuela, el área seguirá **sangrando** un rato. La sanguijuela usa una **sustancia** química para que la sangre fluya. El sangrado puede tardar hasta **siete días** en detenerse.

GENTE DE LA JUNGLA

En todo el mundo habitan más de 50 millones de pueblos **tribales**. Las tres tribus más grandes y conocidas son los pigmeos de África central, los huli de los bosques de Papúa Nueva Guinea y los yanomami de América del Sur. Aunque cada tribu tiene su propia **cultura** especial, todos comparten una característica: consideran la jungla como su hogar. Estos pueblos tribales saben cómo vivir en la Tierra sin necesidad de tecnología moderna. Ellos cazan, recogen y cultivan cosechas para proveerse de alimento. Construyen refugios con las plantas que los rodean. Pueden sobrevivir a la difícil y peligrosa jungla; ellos podrían ser la clave de tu supervivencia.

Yanomami

Pigmeos

Huli

Encuentro con una tribu

Si estás perdido en la jungla, existe la posibilidad de que te tropieces con un pueblo **indígena**. Lo más probable es que ellos te encuentren a ti. Conserva la calma: ellos tendrán tanta curiosidad con respecto a ti como tú con respecto a ellos. Habla en voz baja y no hagas movimientos bruscos. Ellos pueden guiarte hasta su aldea. Intenta hacer movimientos lentos con la mano hacia tu boca para señalar que tienes hambre y sed.

Historias de supervivencia

Quizá sea posible sobrevivir en la jungla, pero probablemente no querrás hacerlo para siempre. Pasado un tiempo, vendrán a rescatarte. Y estarás de acuerdo en algo: no hay lugar como el hogar.

DECIDIDO A SOBREVIVIR

Yossi Ghinsberg y otras tres personas, entre ellas un guía, **hicieron una travesía** por la Amazonia. Después de perderse, el grupo se separó. Ghinsberg y su amigo continuaron en una balsa y los otros dos siguieron a pie. Posteriormente Ghinsberg fue separado de su amigo. Sobrevivió 20 días sin cuchillo, alimento ni mapa antes de ser rescatado. Tenía las heridas infectadas, y sus pies se estaban pudriendo debido a la constante humedad de la jungla. Durante los últimos tres días, Ghinsberg avanzó por la jungla arrastrándose. Finalmente, Ghinsberg y su amigo volvieron a reunirse, pero los otros dos amigos no fueron vistos nunca más.

Yossi Ghinsberg

Juliane Koepke

SOBREVIVIENTE DE LA AMAZONIA

En 1971, una muchacha de 17 años fue la única sobreviviente de un accidente de avión que mató a 95 personas. Juliane Koepcke sufrió heridas en el accidente y quedó inconsciente, hasta que se despertó sola en la jungla al día siguiente. Sobrevivió durante 10 días hasta que encontró un grupo de leñadores trabajando en la jungla. Ellos la pusieron a salvo.

LOS FRANCESES

En 2007, dos franceses se perdieron en la jungla amazónica y sobrevivieron durante siete semanas comiendo arañas gigantes, ciempiés y tortugas. Loïc Pillois y Guilhem Nayral finalmente fueron rescatados, aunque un poco maltrechos. Nayral perdió 50 libras. Tenía el cuerpo infestado de parásitos carnívoros. Además, quedó paralizado temporalmente por comer una araña venenosa.

Loïc Pillois

SOBREVIVIENTE DE LA JUNGLA

Si no estás familiarizado con ella, la jungla puede darte mucho miedo. En ella abunda el ruido, la espesura, el calor y la humedad, y está repleta de animales. Sin embargo, recuerda que la jungla también cuenta con recursos para sobrevivir. Conserva la calma y no te rindas. Continúa avanzando. Encontrarás el camino de salida. ¡Y si tienes que estar perdido en algún lugar, la jungla es mejor sitio que la mayoría!

¿Cómo sobrevivirías?

- Si estuvieras perdido en la jungla, ¿qué harías primero?

- ¿Cómo encontrarías ayuda?

- ¿Qué herramientas querrías tener contigo?

GLOSARIO

actitud: un modo, posición o sentimiento acerca de algo

cultura: creencias o prácticas sociales de un grupo racial, religioso o social

elevada: levantada o más alta

en desarrollo: que avanza poco a poco

encenderá: prenderá fuego

follaje: flora frondosa

gangrena: muerte del tejido vivo por mala circulación de la sangre

garrapatas: insectos chupadores de sangre

hicieron una travesía: viajaron una gran distancia

humedad: la cantidad de vapor de agua en el aire

indígena: nativo de una zona

malaria: una enfermedad causada por la picadura de un mosquito

mosquitos: insectos que chupan la sangre de animales y seres humanos

oriéntate: determina la posición en relación con otros puntos

pie de trinchera: lesión de los vasos sanguíneos, los nervios y la piel de los pies por una exposición prolongada a condiciones de frío y humedad

polainas: pedazos largos de tela que se vendan alrededor de las piernas

puntos de referencia: objetos evidentes sobre la tierra
   que pueden usarse como guías o marcadores
purifícala: hazla pura o limpia
salpican: interrumpen a intervalos
sanguijuelas: gusanos chupadores de sangre
transpiración: humedad que se expulsa para que el
   cuerpo pueda enfriarse
tribales: referido a tribus de personas o familias

ÍNDICE

BIBLIOGRAFÍA

Doeden, Matthew John. *Can You Survive the Jungle?*
An Interactive Survival Adventure. **Capstone Press, 2011.**
Tu avión chocó, y estás solo en una jungla. En este libro, en el que eliges
tu propia aventura, tú decides qué sucede a continuación y si el camino te
lleva a la seguridad o a la muerte.

Llewellyn, Claire. *Survive in the Jungle*
(Survival Challenge). **Silver Dolphin Books, 2006.**
En este libro se prueba tu capacidad para sobrevivir en la jungla con 12
tareas, entre ellas construir un refugio, encontrar alimento y agua, cómo
tratar una picadura de serpiente y cómo protegerse de los insectos.

Long, Denise. *Survivor Kid: A Practical Guide to*
Wilderness Survival. **Chicago Review Press, 2011.**
Este libro está lleno de consejos para construir refugios y fogatas, enviar
señales para pedir ayuda, encontrar agua y alimento, enfrentarse a
animales peligrosos, aprender a navegar y evitar lesiones en la selva.

Storm, Rory. *Jungle (Survivors).* **Scholastic Inc., 1948.**
¿Puedes escapar de las arenas movedizas? ¿Eludir a un tigre hambriento?
¿Oponer resistencia a sanguijuelas, gusanos y mosquitos? Si quieres ser
un sobreviviente, ¡este es el libro que necesitas!

MÁS PARA EXPLORAR

A Kid's Wilderness Survival Primer
http://www.equipped.org/kidprimr.htm

En este sitio web se indica qué llevar cuando te internas en la selva, qué hacer cuando te das cuenta de que estás perdido y cómo aumentar las posibilidades de encontrar ayuda o de ser rescatado.

Wilderness Survival
http://www.wilderness-survival.net/

Este es un sitio web muy meticuloso. Los temas incluyen, por ejemplo, cómo identificar qué plantas son seguras para comer.

Survival IQ
http://www.survivaliq.com

Visita las secciones de este sitio sobre destrezas de supervivencia, navegación por tierra y buen estado físico para la supervivencia.

On Your Own
http://www.equipped.com/onyrown.htm

Cuando guardes tu kit de supervivencia, visita este sitio para encontrar una lista de los elementos más importantes que debes incluir.

ACERCA DE LOS AUTORES

William B. Rice se crió en Pomona, California, y se graduó en Geología en la Universidad Estatal de Idaho. Trabaja en una agencia del estado de California que lucha por proteger la calidad de los recursos de agua superficiales y subterráneos. Proteger y preservar el medio ambiente es importante para él, y trabaja para proteger las junglas y otras áreas naturales de todo el mundo. Está casado y tiene dos hijos, y vive en el sur de California.

Dona Herweck Rice se crió en Anaheim, California. Tiene un título en Inglés de la Universidad del sur de California y se graduó en la Universidad de California, Berkeley con una credencial para la enseñanza. Ha sido maestra de preescolar y hasta décimo grado, investigadora, bibliotecaria, directora de teatro, y actualmente es editora, poeta, escritora de materiales para maestros y escritora de libros para niños. Espera viajar a la Amazonia en un futuro cercano. Está casada, tiene dos hijos y vive en el sur de California.